JN413076

함께 했고,
함께 할.

나의 우월함을 드러내는 연민이 아니라,

서로에게 원하는 것이 있어 바치는 아부가 아니라,

나에게도 있고 타인에게도 있는 외로움의 가능성을 보살피려는 마음이 있어

우리는 작은 원을 그렸다.

- 한정원 에세이집 「시와 산책」 중 -

내가 정말 좋아하는 문장이자, 환자를 대하는 치료자로서

매일 되새겨야 하는 말이라고 생각한다.

이 책을 기억할 때 딱 이런 마음이었다.

이 책에 작품을 실은 환자들은 다 각각의 이유로

손수민재활의학과에 다니는 아이들이다.

아이들의 치료가 그렇듯,

아이들도 가족들도

가끔은 지친다.

그들의 지친 순간에,

우연히 내가 곁에 있어,

손 내밀고 안아 주고 싶은 마음.

힘내라고 응원하는 마음.

그런 마음으로 시작한 일이었다.

하지만 그 마음이 혹여 연민일까, 많이 주저하고 고민했지만,
하지만 이 마음이 무엇이든 간에 나는 그들의 지친 어깨를 안아주고 싶다.
여기 실린 아이들의 모든 이야기, 그리고 아직 차마 실리지 못하고 가슴속에 묻어둔
아이들의 모든 이야기에 응원과 박수를 보낸다.

PS. 내가 손 내밀었다고 생각했으나,
책을 만들면서 오히려 내가 보살핌 받는 느낌이었음을 고백한다.

2025. 봄이 오는 3월에,
손수민

「함께 했고, 함께 할」을 읽으며

마치 풀잎 위 이슬방울에 맺힌 평온한 초록 풍경을 발견한 듯이

한 장 한 장을 천천히 들여다보게 되었습니다.

어느 페이지에서는 엉뚱하기도 한 아이들의 일상에 잔잔한 미소가 번지다가도,

어느 순간에는 깊은 감동에 가슴이 울컥하며 마음이 정화되는 경험을 했습니다.

책 속에는 비 갠 처마 밑 물방울처럼 아이들의 그림과 사진,

그리고 그들의 크고 작은 이야기가 고스란히 담겨 있습니다.

평소엔 스쳐 지나가기만 했던 순간들에 고개를 기울여 보니,

숲이 비치기도 하고 노란 나비가 반짝이기도 하며,

때로는 아버지의 얼굴이 어른거렸습니다.

「함께 했고, 함께 할」에서 전하고 싶은 아이들과 가족들의 이야기들은

물방울 속 풍경처럼 다채롭고 생생합니다.

손수민 원장님의 삶에서 늘 행해오시던 왼손에게 건네는 다정한 위로와,

꺼져가는 용기를 일으켜 세우는 응원의 말과 마음이 고스란히 전해집니다.

때로는 치료자로서가 아니라 오히려 보살핌을 받으셨다는

손수민 원장님의 고백이 온전히 느껴졌습니다.

이 모든 글과 그림이 한 페이지 한 페이지마다 작은 물방울에 맺혀,

독자의 마음속에 조용히 스며들게 될 것입니다.

아이들의 소망과 희망, 부모와 치료자의 진심이 섬세하게 전해지는 이 책을 통해,

독자들 또한 물방울 속 풍경을 자세히 바라보며 이미 알고 있는 사실과 지식 그 너머

깊은 여운으로 우리 모두가 한 존재로서 서로 닿아있음을 깨닫고 느끼게 해줄 것입니다.

서로의 일상에 맺힌 작은 이슬처럼, 소중한 순간들을 깨우는 선물과 같은 책입니다.

이런 귀한 이야기들을 듣고 보게 해주신 손수민 원장님, 그리고 우리 아이들과 부모님

그리고 가족들에게 감사합니다.

2025년 5월
한국유아특수교육학회장, 대구대학교 유아특수교육학과 교수
백상수

자화상 머리칼은 왜 빨간색인가요?

내 인생을 적극적으로 살아가겠다는 제 의지의 표현이에요.

장애가 없다면 뭘 하고 싶은가요?

자립해서 혼자 힘으로 직업을 가지고 월급 받으면서 살고 싶어요.
내 마음대로 살아보고 싶어요.

꼬마돼지

꼬마돼지가 그린 게 뭔가요?

아빠 얼굴이요.
엄마 얼굴은 잘 그려주지 않지만,
우리 아들이 바라보는 아빠 얼굴은
안경, 큰 코, 머리카락, 수염까지도
저렇게 알록달록 예쁘답니다!
이건 아마 아빠에 대한 사랑이 아닐까요? ^^

어머니가 꼬마돼지에게 바라는 건 뭔가요?

더도 말고 덜도 말고 알록달록한 꼬마돼지 그림처럼
예쁘고 재미있게 살면 좋겠어요.
이미 제겐 너무 예쁘지만요.

친구랑 놀면서 속상할 때가 있나요?

유치원에서 손잡고 하는 게임에서 친구가 내 왼손을 잡기 싫다고
안 잡았어요. 😔
슬퍼서 울었어요.

오데뜨 왼손에게 아빠가 해주고 싶은 말이 있다면요?

왼손아, 천천히 해도 돼
오른손이랑 함께 가면 돼
붓을 잡고 색을 섞어
멋진 세상 만들어 봐
느려도 좋아, 같이 하면
둘이 최고야!

단짝친구

단짝친구가 제일 자랑스러웠던 순간은 언제인가요?

내 왼손을 들고 유치원에서 대표로 선서했을 때요.
못할까봐 엄청 연습했는데 무사히 끝냈어요.
그때 내가 별이 된 것처럼 정말 기분이 좋았어요. 😊

요즘 새로 생긴 친구가 있어요?

엘라 언니요.
처음 언니 만나서 내 소개할 때 "나는 왼손이 불편해" 라고 했는데
엘라 언니가 "그럴 수도 있지" 라고 해서 정말 좋았어요.
그래서 엘라 언니와 노는 날이 기다려져요.

또박 또박 한 마디

이곳에 서기까지

뚜벅 뚜벅 한 걸음

눈물이 투둑 투둑

피땀이 뚜욱뚜욱

어떤 발표 연습

어려서부터 지금까지, 말 배움이 느린 첫째의 발표 연습.
누군가에겐 쉬운 일이었겠고
누군가에겐 당연한 일이었겠지만
그곳에 서기 위해서
얼마나 많은 걸음들이 있었는지.
누구도, 아무것도 모른다.

정영빈 「어제도 너를 기르니 오늘도 내가 자란다」 중

하얀 고래

이건 뭐하는 건가요?

오늘 태권도 수업에서 배운 발차기 동작이에요.
저는 운동을 잘 못하는데, 도전해 보고 싶어서 시작했어요.
잘 못하던 동작이지만 연습해서 잘 되니까 뿌듯해요.
앞으로도 계속 도전해 볼 거예요.

하얀 고래에게 동생은 어떤 존재인가요?

짜증나요. 제 머리를 자주 잡아 당기거든요.
하지만 저한테는 소중한 동생이니까 참아요.

달팽이

이건 뭘 그린 건가요?

제가 제일 좋아하는 우산이요.
저 우산만 있으면 비오는 날도 든든해요.
꼭 엄마처럼이요.

5학년때 전교부회장 선거에 나갔다면서요?

네, 떨어져서 속상하지만 또 기분이 좋기도 했어요.
그전에는 지원해 볼 생각 자체를 안했거든요.
그런데 이제 나도 뭐든지 할 수 있다는 생각이 들어요.
어릴 때 애들이 놀리면 형이 학교에 와서
" 내 동생 놀리면 가만 안 놔둔다!" 면서 내 편을 들어주곤 했는데
혼자서도 이런 도전을 한 내가 자랑스러워요.

찬찬이가 제일 좋아하는 놀이는 뭔가요?

소방차로 변신 로봇을 만드는 걸 좋아해요.
여러 가지 소방차들이 변신 합체하는 걸 보고 있으면
찬찬이의 다양한 모습을 보는 것 같아요.

어머니는 찬찬이가 어떤 사람으로 컸으면 하시나요?

찬찬이의 최애 장난감 소방 변신 로봇처럼,
살다 보면 여러 가지 모습으로 대처해야 하는 순간이 올 텐데,
앞으로 더 강하고 이로운 사람으로 컸으면 좋겠어요.

최근에 제일 행복했던 적은 언제인가요?

언어치료 열심히 하고 평가 100점을 받아서 상장을 받았어요.
그때 눈물이 났어요.
대박 행복했어요.

앞으로 하고 싶은 건 뭔가요?

헤어디자이너가 되고 싶어요.
대학도 가고 싶어요.
그래서 공부 열심히 할 거예요.

상 장

성 명 : 느린거북

위 어린이는 부지런하고 성실한 자세로
치료를 배우고 익히며, 우수하게 완료하여
다른 어린이의 모범이 되었기에
이 상장을 수여, 칭찬합니다.

2024년 12월 27일

손수민 재활의학과
원장 손 수 민

안두

이 그림은 뭘 그린 건가요?

거북이는 저고 물고기는 친구들이에요.
사실 제가 친구가 많은 편은 아닌데
더 많은 친구를 만났으면 하는 바램으로
물고기를 가득 그렸어요.
거북이는 느리지만, 수영을 잘해요.
저도 잘 못하는 것도 있지만 잘하는 것도 있는 것처럼요.

그러면, 만두의 꿈은 뭔가요?

책 읽어주는 선생님이요.
지금은 발음이 안 좋지만,
열심히 치료해서, 책 읽어주는 선생님이 되고 싶어요.
아이들에게 할 수 있다는 걸 보여주고 싶어요.

알파카

알파카는 어디가 아파요?

재생불량성 빈혈이라서 주사도 자주 맞고 입원도 자주 해요.
그때마다 피 검사하는 게 너무 힘들어요.
어떨 때는 다 그만두고 싶어요.
한번은, 정말 하기 싫어서 집에 가겠다고 울었는데
엄마가 안 된다고 해서 참았어요.
엄마가 실망하는 게 싫어요. 엄마를 많이 사랑해요.

알파카는 제일 하고 싶은 게 뭐예요?

세계 일주를 하고 싶어요.
지금은 자주 입원해야 하니까 긴 여행은 못 해요.
하지만 나중에 건강해져서 제가 번 돈으로 꼭 갈 거예요.

지혜핑

지혜핑은 실버스타랑 같이 수업해서 좋아?

좋아요.
내가 못하는 것도 실버스타가 도와주니까 더 잘되요.
혼자 하는 것보다
같이 하는 게 더 좋아요.

지혜핑이 가장 힘든 건 뭐야?

양보하는 거요.
선생님들이 양보하는 것도 멋있는 거라고 하지만
나는 지는 것 같아서 힘들어요.

실버스타

실버스타는 뭐 하는 게 제일 좋아?

지혜핑하고 하는 건 뭐든지 좋아요!
다 재미있어요! 😄

그럼 공부하는 것도 좋아?

공부하는 건 싫어요. 😩
어려워요 ㅠㅠ
그렇지만 훌륭해지고 싶어서 참고 공부하는 거예요.

날쌘돌이

날쌘돌이가 제일 좋아하는 놀이는 뭔가요?

거울을 보고 여러 가지 표정을 짓거나 몸을 움직이면서 노는 거요.
친구와 노는 것처럼 거울 속 날쌘돌이와 놀아요.

날쌘돌이가 기특했던 순간이 있나요?

도통 주위에 관심이 없었는데
이제 누나 노래도 곧잘 따라하고
단어 공부도 열심히 하는 날쌘돌이를 보면
정말 뿌듯해요.

재활 치료를 매일 하는데 하기 싫지 않나요?

당연히 하기 싫죠.
짜증나요.
하지만 무조건 참아요. 모든 수단을 다 동원해서 참아요.
나중에는 참길 잘했다는 생각이 들어요.

엄마는 용달보이에게 어떤 사람인가요?

좋은 사람이요.
왜냐면,
제가 잘 못하는 부분을 도와주시고 저를 포기하지 않으셔서요.
엄마 아들로 태어나길 잘한 것 같아요.

이건 뭐예요?

티니핑!
티니핑들이 무지개에서 놀고 있어요.
나도 같이 놀고 싶어서 만든 거예요.

보

무지개에서 누구랑 놀고 싶어요?

아빠랑 엄마랑 동생이랑 보물이요.
아빠는 밤에 와서 자주 못 노는데
무지개 떴을 때 아빠하고 같이 놀고 싶어요.

핑크공추

핑크공주 소원은 뭐야?

비행기타고 유니콘 만나러 가는 거요.
유니콘은 여기저기 날아다닐 수 있어서 부러워요.
나도 유니콘 프린세스가 되어서 날아다니고 싶어요.

핑크공주가 제일 기분 좋을 때는 언제야?

똑똑하다는 말 들을 때요.
저는 노는 것보다 공부하는 게 더 좋아요.
똑똑해지고 싶어서요.
엄마보다 언니보다 더 똑똑해질 거에요.

노란나비가 좋아하는 게 뭐예요?

학교 통합수업 때 그리기나 만들기 하는 게 재미있어요.

노란나비 키우면서 어머님이 제일 힘든 건 뭔가요?

똑똑한 것 같은데 학교에서 잘 못 어울리는 것 같아요.
하지만 옛날에는 더 힘들었어요.
차라리 지금이 나아요.
앞으로 더 좋아질 거라 믿어요.
어떨 때는, 아이가 아니라 나 때문이라 생각하고 내려놓아요.
지금은 견디는 방법을 좀 더 잘 알게 된 것 같아요.

노란나비

깐율

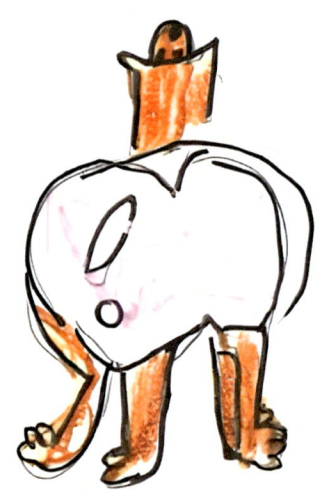

재활 치료하면서 특별한 기억이 있나요?

첫 진료때 의사 선생님이
"너 설 수 있겠다!" 라고 하면서 혼자 서보라고 했어요.
엄마도 옆에서 불안해하고 저도 무서웠어요.
저는 그때 서지도 못할 때였거든요.
"못 하겠어요!"라고 울면서 소리 지르는데 선생님도 "할 수 있다고!"
같이 소리 질러서
간호사 선생님이 진료실에 뛰어 들어오셨어요.
그런데 진짜 혼자 섰어요. 처음으로요.
그때 기억이 많이 나요.

보톡스 주사 맞을 때 무섭지 않나요?

원래는 걸을 수 있다는 생각도 안 했는데
지금은 뛰어다니는 것처럼,
나중에는
달리기 대회에 나갈지도 모른다고 하셔서
꾹 참아요.
정말 그런 날이 올지는 잘 모르겠지만요.

웰시코기

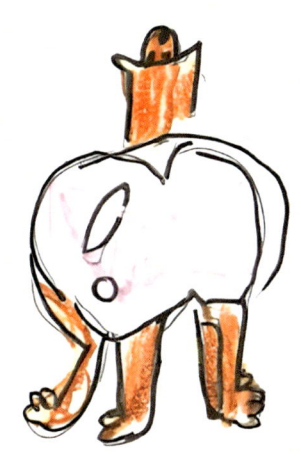

'내가 웰시코기 얼굴 닮지 않았는데'

내가 엄마한테 물었다.

"난 웰시코기 얼굴 닮지 않았어"

엄마는 내가 통통하다고 그런말을
하셨다.

'아, 나도 개 키우고 싶다 푹신푹신한 개'

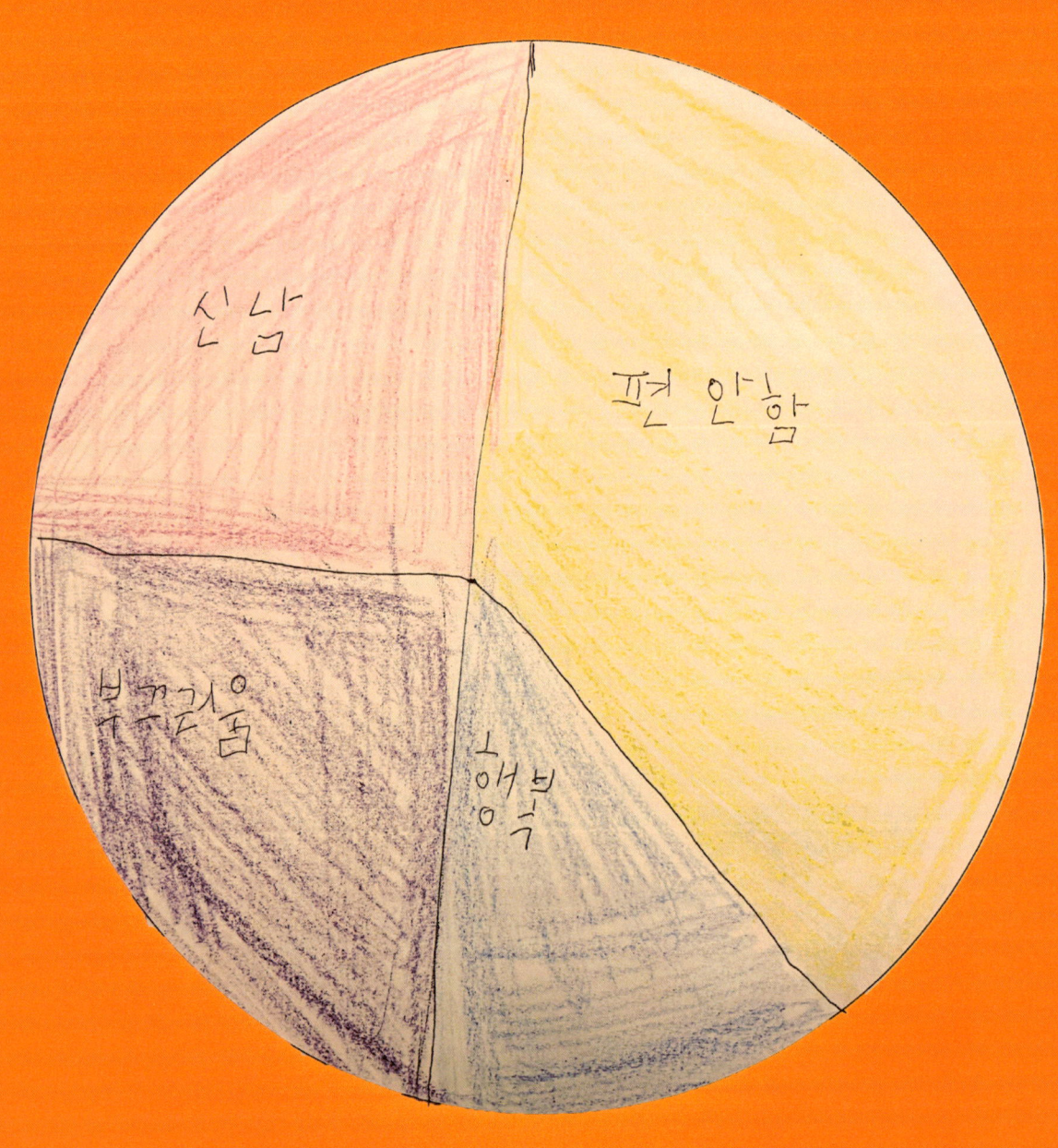

이건 뭔가요?

내 마음이 이랬으면 좋겠어요.
편안함, 신남, 행복 순으로 많았으면 좋겠어요.
부끄러움도 있어요.

장래 희망이 뭐예요?

"엄마"요.
맛있는 밥도 해주고 머리도 빗어 주고, 예쁜 옷도 입혀주는
엄마가 될 거예요.

김천사

김천사는 뭐가 제일 좋아?

장난감 갖고 노는 게 제일 좋고
그다음은 공부하는 거!!

공부하는 거 좋아? 😲

응, 나 이제 공부 잘해요.
카드도 대답 잘 해요.
선생님이 잘한다고 칭찬해 줬어요.

사랑♥이

이 그림에서 손은 어떤 의미인가요?

큰 손은 엄마 손이고 작은 손은 우리 삐약이들 사랑이, 소망이 이에요.
초록 손은
제가 아이들에게 아낌없이 주는
나무가 되고 싶다는 뜻이에요.

소망이

주변의 꽃은 뭔가요?

우리 삐약이들이 꽃길만 걸었으면 좋겠다는 뜻이에요.

루카스

지금 캐나다에서 사는데 한국에서 살고 싶지 않나요?

아니요.
한국은 학교 다니기 무서워요.
너무 경쟁이 심해서요.

휠체어를 타고 다니면 불편한 점은 없나요?

어릴 때는 걸어다녀서 몰랐지만,
지금은 휠체어를 타니까 한국에서는 너무 힘들어요.
장애인에 대한 시선도 불편해요.
전에는 몰랐는데
캐나다가 장애인에 대한 배려가 많은 거였구나, 느껴요.
하지만, 휠체어를 타든 안타든 나는 소중하다는 얘기를 하고 싶어요.

이 안 좋아도, 잘 못 걸어도
소중하다는 걸 보여주고 싶었어요

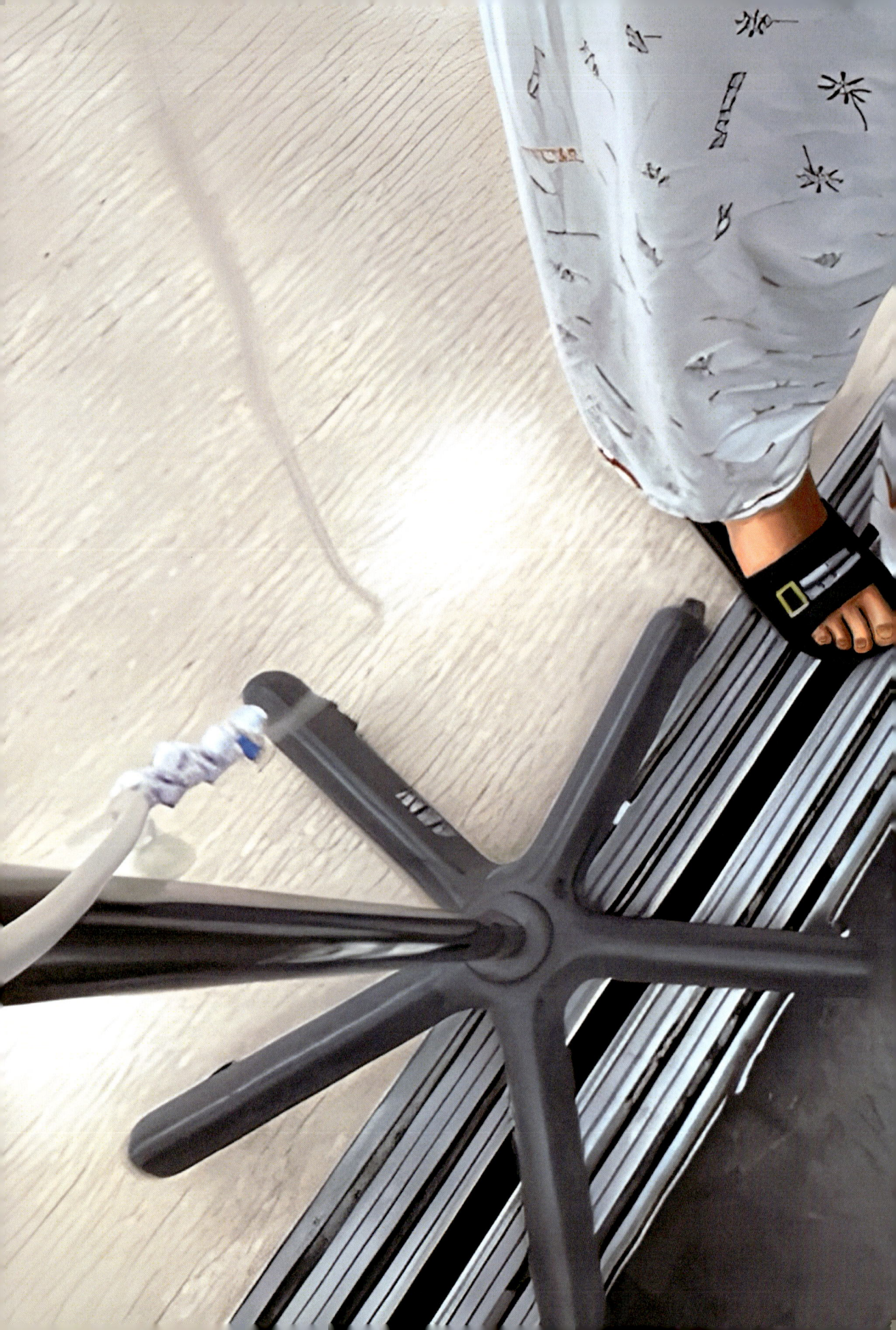

지동이 형

며칠 전부터 몸이 이상했다. 열이 나고, 어지럽고, 코피도 몇 번 났다.
전 날 친구와 치킨을 먹으며 대화하던 기억이 난다.
"야, 너 손 봐, 완전 하얗다? 백혈병 아니야?"
서로 웃어넘기며 했던 말인데, 설마 그게 현실이 될 줄은 몰랐다.
검사 결과를 듣던 날, 나는 평생 남의 이야기 같던 '백혈병'이라는 단어가
내 삶 속으로 불쑥 들어온 걸 실감했다. 처음엔 실감이 나지 않았다.
이게 내 이야기라고 생각되지 않았다.
TV나 영화에서 보던 백혈병 환자들처럼 회색 비니를 쓰고
병원에서 바나나 우유를 나눠 먹는 모습과 내 현실은 너무 달랐다.
그래서 그런지,
몇 달 안에 치료가 끝나고 예전처럼 돌아갈 거라고 막연히 생각했던 것 같다.
하지만 입원은 길어졌고, 계절이 몇 번이나 변했다.
치료를 받을수록 머리카락은 빠져갔고, 얼굴은 비정상적으로 부어올랐다.
그러던 어느 날, 사춘기 특유의 감정에 휩쓸려 모든 친구의 연락을 끊어버렸다.
집중치료가 끝나고 통원치료로 전환된 후에도 집 밖으로 나가지 않았다.
친구들과 마주치는 것조차 두려웠다.
그런데 얼마 전, 내가 연락을 끊어버렸던 친구 중 한 명이 먼저 연락을 해왔다.
"잘 지내냐?"는 형식적인 대화였지만
친구와의 대화는 내게 잊고 있던 감정을 되살려 주었다.
다시금 스스로에게 묻기 시작했다.
'내가 할 수 있는 일은 뭘까? 내가 꿈꿀 수 있는 내일은 어떤 모습일까?'
작은 용기가 내 안에서 서서히 피어났다.
물론, 아직 모든 게 완벽하게 괜찮아진 건 아니다.
하지만 적어도 이제는 내일을 향해 한 걸음 내디뎌 볼 수 있을 것 같다.
혹시 이 글을 읽고 있는 누군가가 있다면, 넌 혼자가 아니라고 말해주고 싶다.
작은 온기가, 너를 다시 내일로 이끌어 줄 수 있을 테니까.

P.S. 늘 열정적으로 치료해 주신 선생님들께 진심으로 감사드립니다.
그리고 재활 과정에서 함께 운동하며 큰 힘이 되어주신 형님들께도
고맙다는 말을 꼭 전하고 싶습니다.

「함께 했고, 함께 할」 은
치료와 재활을 병행하는 아이들의 이야기가 고스란히 담겨 있습니다.
처음 책을 만들자며 손수민 선생님이 제안했을 때,
어떤 결과물이 나올지 막연한 마음이 들었지만,
아이들의 이야기를 하나씩 들을 때마다 세상에 꼭 들려주고 싶었습니다.
이런 기회가 없었다면 몰랐을 이야기들.
아이들이 품고 있는 소망과 희망.
그들을 둘러싼 따뜻한 시선과 보살핌.
이것들은 하나의 순간에 이루어진 것이 아님을, 서로 연결되어 있다는 것을,
다시금 되새기며 이 책으로 더 많은 아이들이 용기와 자부심을 느낄 수 있도록
자신의 이야기를 내어준 아이들에게 고마움을 표합니다.
우리에게 주어진 삶의 모습은 다르지만, 그 소중함은 같기에
이 아이들 또한 그러하다는 것을 한 번 더 느낄 수 있는 뜻깊은 작업이었습니다.

치즈북스 우은미

함께 했고, 함께 할.

초판 1쇄 발행 │ 2025년 08월 20일

지 은 이 │ 강남콩 · 꼬마돼지 · 오데뜨 · 단짝친구 · 하얀고래
           달팽이 · 찬찬 · 느린거북 · 만두 · 알파카 · 루카스
           실버스타 · 날쌘돌이 · 용달보이 · 지혜핑 · 빠른말
           노란나비 · 깐율 · 보물 · 김천사 · 사랑이 · 소망이
           핑크공주 · 지동이형

펴 낸 이 │ 손수민
후   원 │ 손수민재활의학과 · 재단법인 유미회 · 주식회사 심유
기   획 │ 우은아
디 자 인 │ 문선재
발 행 인 │ 우은미
발 행 처 │ 치즈북스
도서 문의 │ indian-pink@naver.com

본 책은 무단 전재와 복제를 금합니다.

ISBN: 979-11-975407-7-6(03810)

값: 18,000원